JN075904

世界の家 世界のくらし

～SDGsにつながる国際理解～

❶キッチン、ダイニング

著 ERIKO（定住旅行家）

スペイン・バスク州

ネパール・カトマンズ

汐文社
ちょうぶんしゃ

はじめに

みなさんは旅行をするとき、どんなことを目的としているでしょうか？　美しい景色を見るため、美味しいものを食べるため、いつもと違う環境に触れるためなど、色々あると思います。私が行っている旅は、「定住旅行」というもので、観光のような短期間の旅行ではなく、訪れた土地にくらす家族の家に長期滞在し、その生活を体験しています。

この本は、私が訪れた土地を中心に、世界の国や地域の家を紹介するものです。日本と比べて特徴的でおもしろいと思ったり、読者のみなさんにぜひ知っておいてもらいたいと思ったりした家を選んで紹介しています。

現地の家で実際にくらし、そこに住む人たちと関わる中でわかったことを中心に解説を書きました。読者のみなさんに、まるで私と一緒に旅をしているようなワクワク感を味わってもらえる本にできればと思い、つくり上げました。

現在、世界ではSDGsという「持続可能な社会」をつくるための取り組みが行われています。このシリーズではSDGsの掲げる17のゴールのうち、11を中心に、2、6、9などが関連しています。この本をきっかけに、読者のみなさんが、世界のくらしや文化に興味・関心を抱き、共に素晴らしい多様性に満ちた未来を築き上げてもらえればと思っています。

ERIKO

ペルー・アレキパ

本の中の写真のいくつかに私が写っているよ！
何か所写っているかわかるかな？
最後のページの私の顔写真を参考にしてね。

ジョージア・スバネティ地方

チリ・アタカマ州

Contents

登場する国・地域の位置

この本で登場する国・地域の位置を紹介します。日本からどのぐらい離れているのか、世界のどの位置にあるのかなどがわかります。30ページの解説と一緒に見てみましょう。

本ページの地図は、子どもに各国と日本との位置関係を知ってもらうことを目的に作成しており、
一部の国や島嶼の大きさを変更、省略しています。

世界のキッチンを見てみよう！

日本のキッチンは、食事をするダイニングと近い場所にあり、清潔で、デザインよりも機能性が重視されたつくりのものが多いようです。一方、世界のキッチンは、屋外に調理場があったり、水道がついていなかったり、台所に神様が祀ってあったりするなど、日本と様々な違いが見られます。つくられる料理が異なる理由は、それぞれの国の食文化や気候、環境、宗教などの違いにあり、それによってキッチンの仕様も特徴づけられます。中には外食文化が根づいたアジアのタイのように、キッチンそのものがない家もありますが、生活を支える食事をつくるキッチンは、多くの人のくらしにとって欠かせない場所です。

アルゼンチン

肉を主食とするアルゼンチンの人たちは、一人当たり年間約 60kg と、日本人の 10 倍の量の牛肉を消費します。「アサード」と呼ばれる炭火焼肉は、彼らの食生活に欠かせない料理です。家によっては、キッチンの中にアサードをする専用の場所が設けられていて、室内で肉が焼けるようになっています。また、大多数の家にはベランダや庭にバーベキューグリルが設置してあり、いつでも美味しいお肉を本格的に焼けるようになっています。

キッチンに設置されたバーベキューグリル。

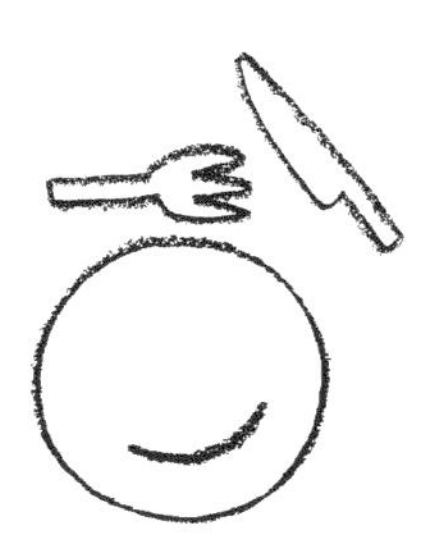

イタリア

料理道具、食器、冷蔵庫の中までしっかりと管理されたキッチンは、イタリアでは「マンマ（お母さん）の聖域」と言われます。どの家庭のキッチンもピカピカに磨かれています。シンクやガスコンロの隙間まで掃除が行き届き、家族にとって大切な場所であることが感じられます。

イラン

イランの名産品であるペルシャ絨毯がキッチンにも敷かれています。親戚や友人などが集まって、食事をすることが多いイラン。大人数の食事を準備する際は、女性たちが絨毯の上に座って、料理を盛りつけたり、材料を混ぜたりします。

フィンランド

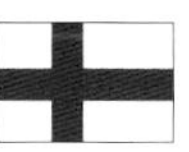

デザインが重視されたL字型のキッチンが基本です。調理をするスペースは広々としていますが、それと比べてシンクはとても小さいのが特徴です。どのキッチンにも食器洗い機がついていて、シンクで食器などを洗う必要がないためです。

アメリカ合衆国

キッチンは調理をするだけの場所ではなく、人とコミュニケーションを取る社交場でもあります。家によっては、バーカウンターや、アイランドキッチンのような独立した調理台などがついていて、会話を楽しみながら調理をします。

ベトナム

仏教を信仰するホーチミンにくらすベトナム人の家のキッチン。一番高いところに「オンタオ」と呼ばれるキッチンの神様が祀られています(写真右上)。毎年旧暦12月の「オンタオの日」には、ベトナム中の人たちがお供え物をしてお祝いをします。

キューバ

ほとんどの家庭では、オーブンとガスコンロが一体となったフリースタンディング型の機器が使用されています。火をつけるときはガス栓を緩め、マッチを使います。都市部にはガスのパイプラインが通っていますが、地方では独立したプロパンガスを購入して使用します。

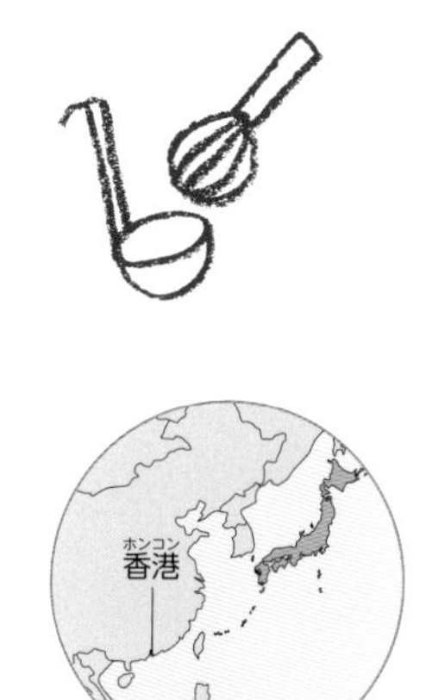

香港（中華人民共和国）

1年を通して気温が高く、湿気が多い香港では、換気がスムーズにできるよう、キッチンに窓がついています。また、窓は各部屋にもついていてよく開け放たれているので、食事どきには、隣のお家から美味しそうな食事の匂いが漂ってきます。

ベリーズ

ベリーズ南部のマヤ族の子孫がくらす村では、キッチンは地面の上につくられています。鍋や調理器具は、壁をうまく利用して保管されています。電気が通っていない家も多く、夜になると調理がしづらくなるので、明るいうちに行います。

イギリス

庭つきの一軒家のキッチンは、自然光が入る窓がついていて、大人がキッチンで作業をしている間、庭で遊ぶ子どもたちや、外の様子を見ることができます。調理器具や調味料なども戸棚に隠さず、見やすいように棚に飾るのが一般的です。

ロシア

伝統的な家の真ん中には、「ペチカ」と呼ばれる暖炉があります。昔はその熱を利用して家の中を暖めると同時に、ポットに入れた食材を中に入れて、調理を行っていました。ロシア語で料理をすることを「ガトービッチ」と言うのは、準備をするという意味の「ガトーフ」が語源になっています。今でも田舎や郊外の家では、ペチカが暖房やお湯を沸かしたりするために使われています。

ジョージア

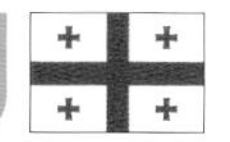

ジョージア

ジョージア人の主食のパンを焼くときは、「トネ」と呼ばれる土製かまどが使われます。地方にはトネがある家が多く、自家製のパンをつくっています。都会に住む人たちは、お店のトネで焼かれたパンを購入します。トネは、紀元前から使われている歴史のあるかまどで、放射、伝導、対流という全ての熱の伝わり方を利用して調理ができる便利な調理器具です。

コラム

世界の主食を見てみよう！

主食は、日常的に食べているもの、そして、体をつくるエネルギーの源となるものを指す言葉です。食生活の基本となる主食は世界中で異なり、気候や生態系などの自然条件と、農業や畜産の技術などによる社会条件、そして、人びとの食文化によって選ばれています。日本で日常的に最も多く食べられている主食はお米です。世界で食べられている主食には、お米のほかに、小麦、トウモロコシ、じゃがいもなどが挙げられます。

ジョージア「ハチャプリ」

舟のような形をしたパイ生地にチーズ、生卵、バターが入ったパンです。食べるときは周りのパンをちぎって、チーズや卵に浸して食べます。パンの生地にはジョージア人が毎日食べるヨーグルトも含まれています。コーカサスの山岳地域では、豚肉が入ったハチャプリが食べられています。

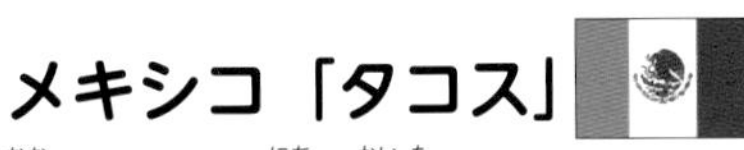

メキシコ「タコス」

多いときで1日3回食べることもあるほどの、メキシコのソウルフードです。タコスは、トウモロコシの粉でつくるトルティージャと言われる生地で鶏肉や野菜、チーズを挟み、ソースをかけて食べるものです。「タコスは生きていくのに必要なビタミンT（タコスの頭文字)」と語るほど、メキシコ人は日常的に食べています。

イラン「バスマティライス」

イランの主食は、「バスマティライス」と呼ばれる、細長いお米です。イランの家庭には炊飯器があり、お米を炊くときに少量の油を入れて、おこげがつくように炊きます。お米は洗わずに炊くので、独特の臭みがありますが、イラン人にとっては食欲をそそられる匂いです。

パラオ「タロ」

タロは里芋の類似種です。スペイン人からもたらされた食材で、現地のチャモロ文化に取り入れられ、主食になりました。茹でて皮をむき、2cm くらいの輪切りにして食べます。パラオは昔、日本の委任統治領であったため、カレーや刺身などの日本食も多く食べられています。

ネパール「ダルバート」

ネパール語で「ダル」は豆スープ、「バート」はお米を指す言葉です。一つのプレートに、お米、おかず、豆スープ、漬物がセットになった食事です。野菜の割合が多く、ヘルシーな料理です。食べるときは、親指、人差し指、中指の３本を使って食べます。

キューバ「アロスコングリ」

日本の赤飯に似た、小豆炊き込みご飯です。タマネギやニンニク、クミンなどがアクセントとなり、食欲をそそります。キューバ人は毎日同じものを食べることを好むため、年中アロスコングリを食べています。また海に囲まれながらも、魚嫌いな人が多い国です。料理中に塩を床に落とすのは縁起が悪いと言われています。

ザンビア「シマ」

トウモロコシ（メイズ）の粉を湯で練り上げたものです。見た目はもちのようですが、食感はぼそぼそしていて、味はほとんどありません。腹持ちがよいため、農作業がはかどり、勉強に集中できると言われています。東アフリカで食べられる「ウガリ」も同じ材料と調理法でつくられています。

イタリア「パスタ」

イタリアに 600 種類以上あるとも言われるパスタは、イタリア人にとって欠かせない食べ物です。パスタの種類に合わせて、ソースや食材を変えながら食べます。大切なのは茹で方で、アルデンテと呼ばれる、パスタの芯が少し残るくらいの状態にするのが基本です。食卓には、必ずパンも準備され、お肉やお魚料理と一緒に食べられます。

クイズ！

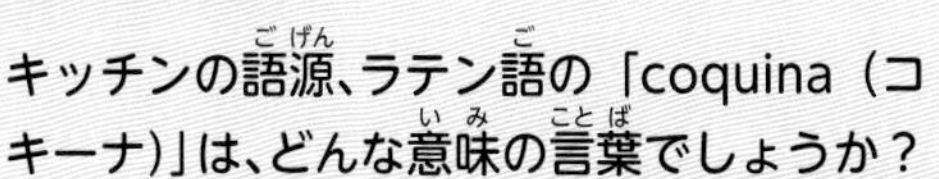

キッチンの語源、ラテン語の「coquina（コキーナ）」は、どんな意味の言葉でしょうか？

①火を使う場所
②食材を管理する場所
③家族が集まる場所

答えは次のページ！

スペイン

一部のお家では、お米料理のパエリアをつくるためのコンロがあります。鉄板の中にコンロが埋め込まれていて、蓋をすることで、火が直接フライパンに触れることなく、熱が均一に伝わるようになっています。パエリアは一般的に日曜日に家族で食べます。

大韓民国

韓国の食卓に欠かせない食材であるキムチ。家庭には、日常使用する冷蔵庫とは別に、キムチ専用の冷蔵庫があります（写真のドアの向こう）。発酵食品であるキムチを新鮮に保つため、温度を一定に保ったり、冷気を逃しにくくしたりするための構造が備わっています。毎年11月下旬頃に、冬から春にかけて食べるキムチを一度にまとめて漬ける、「キムジャン」と呼ばれる風習があります。

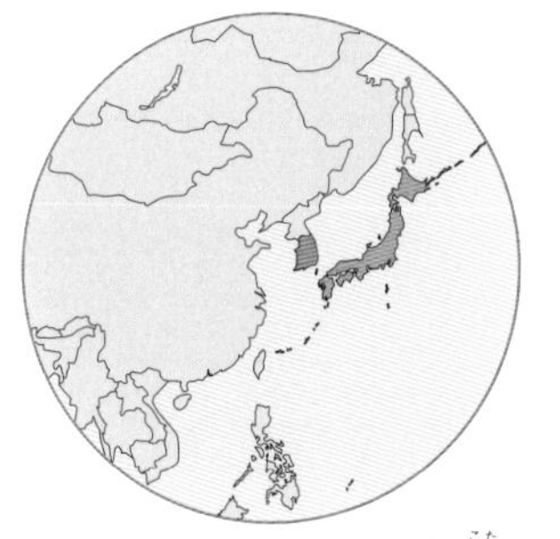

P.11 クイズの答え　①火を使う場所

ミャンマー

中部の乾燥地帯にあるパウッ郡のキッチンは、細い竹で囲われています。かまどの燃料には薪が使われます。ミャンマー料理は隣国である中国やインドの影響を受けていて、家庭では鉄鍋もよく使われます。雨量の少ない地域で食器を洗う際は、井戸水や湧き水を共同で利用します。

カナダ

オーブン、食器洗い機などの家電がキッチンの壁に埋め込まれるようにつくられています。お肉料理を頻繁に食べるカナダ人は、グリルの代わりに大きなオーブンを使って調理をします。調味料や食器、ゴミ箱などは戸棚に収納され、スッキリした見栄えです。

ザンビア

中央州チネナ村のキッチンは、家の中に煙が充満するのを防ぐため、茅で囲まれた屋外にあります。燃料には木を切って乾かした薪などが使われます。調理のときに使用する水は、共有の井戸などから調達します。

ホンジュラス

エル・パライソ県内の村にはキッチンや調理場が庭にある家が多くあります。庭先に大きなかまどや火を炊く場所があり、外で調理します。食事も庭先で食べることが多く、ダイニングとキッチンが庭と一体化しています。

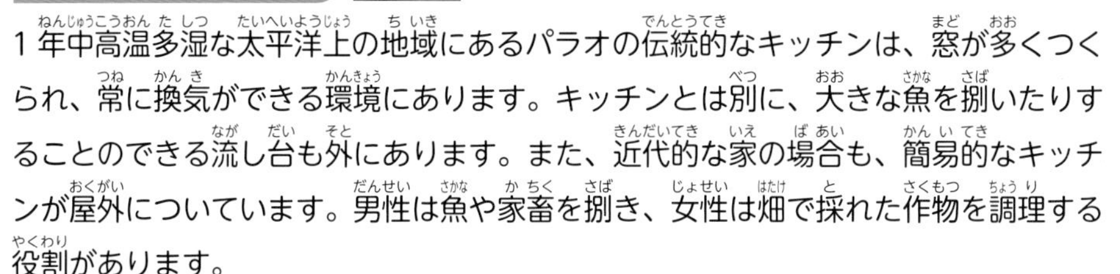

パラオ

1年中高温多湿な太平洋上の地域にあるパラオの伝統的なキッチンは、窓が多くつくられ、常に換気ができる環境にあります。キッチンとは別に、大きな魚を捌いたりすることのできる流し台も外にあります。また、近代的な家の場合も、簡易的なキッチンが屋外についています。男性は魚や家畜を捌き、女性は畑で採れた作物を調理する役割があります。

屋外の魚を捌く場所。

ミニコラム

パラオは昔は日本だった？

パラオを含む南洋諸島と呼ばれる地域は、第一次世界大戦後、パリ講和会議によって日本の委任統治領とされた場所でした。日本語教育が積極的に行われたため、「でんわ」「ぞうり」「ばいきん」などパラオ語になって使われている日本語も多く、日本の名前を苗字に持つパラオ人も多くいます。

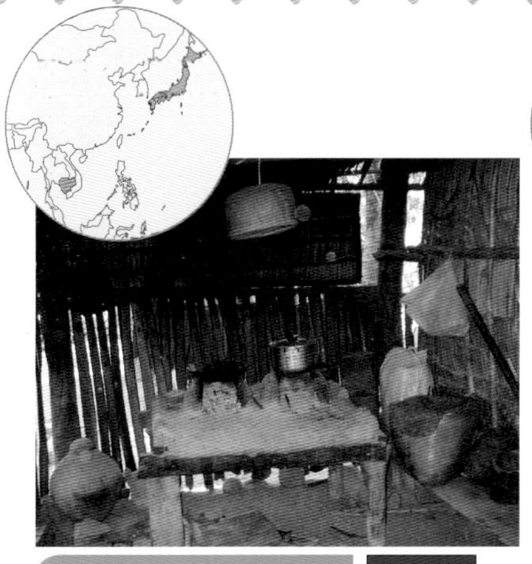

カンボジア

コンポンスプー州の村の家庭のキッチンは、竹や木、ヤシの葉などでつくられ、家の中の一角か家に隣接したところにあります。薪を使って調理が行われます。雨季には雨水をカメに貯め、乾季には近くの池などから水を汲んで、調理に利用します。

中華人民共和国

経済発展が著しい、中国東部の江蘇省無錫市のマンションのキッチンは、シンク、料理台、収納が完備されたシステムッチンが主流です。本格的な中華鍋を使用して料理をする家がほとんどで、ガスコンロが使われています。

オーストラリア

オーストラリアの一般家庭のキッチンのシンクは、仕切りで2つに分かれています。広い方のシンクに水を貯めて食器を洗い、狭い方のシンクですすぎをします。昔は天井についたタンクに水を貯め、節約しながら使っていたため、そのときの習慣が影響しています。

ネパール

お米を炊くときに使われる圧力鍋はネパールのキッチンに欠かせないものです。ヒンドゥー教徒の多いネパールでは、月経中の女性はキッチンの中に入ってはいけないという決まりがあります。その間は、親族の女性が代わりに料理をつくります。

ペルー

ペルー

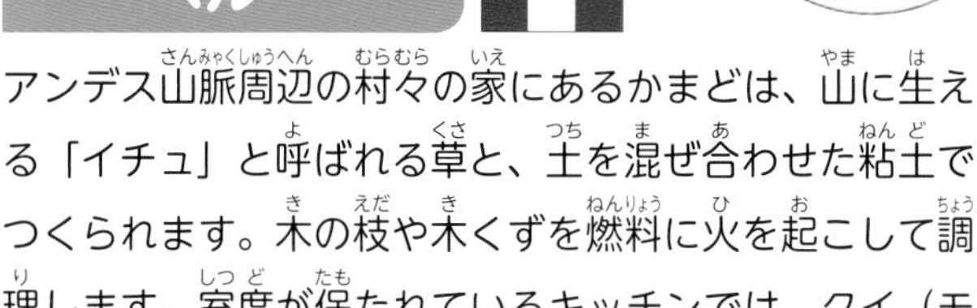

アンデス山脈周辺の村々の家にあるかまどは、山に生える「イチュ」と呼ばれる草と、土を混ぜ合わせた粘土でつくられます。木の枝や木くずを燃料に火を起こして調理します。室度が保たれているキッチンでは、クイ（モルモット）が飼育され、食用になります。

コラム

びっくり!? こんな場所のキッチン

全てのものが凍ってしまう極寒の地域、誰も定住したことのない地域、そして空気すらない宇宙……私たち人類が生活するとき、どんな不便な場所であっても、栄養を補給するために調理を行わなければなりません。ここでは、辺境や極地と呼ばれる、少し特殊な場所で生活する人びとが使うキッチンを紹介します。私たちが普段使っているキッチンとの違いと工夫を見てみましょう。

©JAXA

宇宙

人間はどこにいても、しっかりと栄養を補給しなければなりません。それは宇宙でも同じ。国際宇宙ステーションの中には、キッチンのような調理をする場所はなく、簡単に食べられるように開発された「宇宙食」と呼ばれる食事を取ります。レトルトや、フリーズドライ状にパックされたものに特殊な給水機で水を加え、開封して食べます。

長いときは約半年間滞在しますが、標準メニューは300種類以上あり、日常の食卓で食べられるメニューが揃っています。また、宇宙へ行くと味覚も変化すると言われています。無重力空間では嗅覚が鈍くなるため、宇宙飛行士には味の濃いもが好まれるそうです。食事をするときは、みんなでテーブルに集って、スプーンを使って食べます。

南極

南極には「昭和基地」と呼ばれる日本の観測基地があります。昭和基地のキッチンは、日本のレストランの厨房とほぼ同じつくりをしていて、約 80 ㎡もある広い空間です。常時一人か二人の料理人がいて、毎日 30 人前後の隊員の食事づくりを、約 1 年間担当します。南極には水道局がないため、雪や氷を専用の水槽に入れて溶かし、ろ過して生活用水として使用します。調理や残飯なども、生ゴミ処理機で処理し、汚水の扱いにも気をつけます。1 年分の食料約 30 トンは、南極を出発する前の日本と、経由地のオーストラリアで購入し、基地の大きな冷蔵庫に収容しておきます。

サハ共和国（ロシア）

冬には零下 60 度になるサハ共和国のオイミヤコン村。地球上で人間がくらす土地の中でもっとも寒い場所です。冬は外にあるものが全て凍ってしまうため、水道管もカチコチになります。多くの家庭には水道や流し台はなく、料理や生活に使う水は、週に一度水を売りに来るトラックが各家に配水したものをタンクに貯水し、必要なときに使います。また、秋頃に氷をブロック状に切り出して保存しておき、冬場にそれを溶かして少しずつ使用するという伝統的な方法で水を確保している家庭もあります。新鮮で美味しい水が手に入ります。

ペルー・ウロス島

標高 4000m にある 湖、チチカカ。現地では神様として崇められているピューマの形をした 湖 です。昔、争いから逃げて来たウル族の人びとが、 湖 の上に浮島をつくったことからウロス島ができました。この島の地面のほか、家具、ベッドなどの生活用品のほとんどは「トトラ」と呼ばれる葦でつくられています。ふわふわした感触の地面は、まるで雲の上を歩いているようです。ウロス島では、石の上にかまどを置き、トトラに火が燃え移らないように気をつけながら調理します。燃料を節約するため、一度にいくつもの鍋が調理できるように工夫されています。

ペヘレイという魚を調理しています。

クイズ！

日本では食事のときに、箸やフォークを利用しますが、世界の何 % の人たちが手で直接食事を取っているでしょうか？

① 40%

② 60%

③ 誰もいない

答えは次のページ！

インド

インドの富裕層の家庭のキッチンは広々としています。ほとんどの家では、お手伝いさんが雇われていて、家事や料理を家族に代わって行います。最近では、インターネットやカメラが内蔵されたスマート冷蔵庫を使う人が増えています。画面を通して中のものの様子や温度などが確認できます。また、家族以外の人に食料を横取りされないよう、鍵がついている冷蔵庫が人気です。

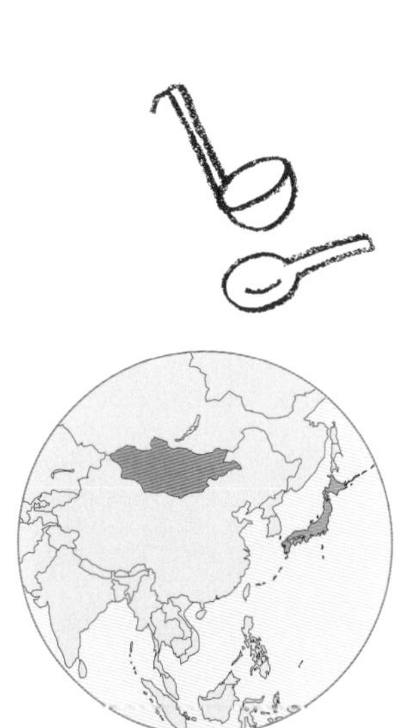

モンゴル

モンゴルには、家畜と共に住居を移動しながら生活をする遊牧民がくらしています。彼らは組み立て式の「ゲル」と呼ばれる家に住んでいます。調理をするストーブは、家財道具などから遠ざけるため、中央に置かれ、煙突は天井から突き出しています。モンゴル語で「中央」は「ゴォル」と言い、「大事なもの」という意味もあります。食事は家畜の乳からつくる乳製品「白食」と、家畜の肉類「赤食」を主として食べます。

P.17 クイズの答え　①40%

オーストリア

全般的にスッキリとした見た目のキッチンで、調味料や食器洗い機、ゴミ箱など、頻繁に使用する調理道具以外のものは戸棚に収納されています。電子レンジは温め専用のもので、本格的な調理を行うときにはオーブン（写真中央）を使用します。

チリ

バルディビア県にくらす、先住民族のマプチェ族の伝統的な家のキッチンには暖炉があり、調理に利用するだけでなく、家全体を暖める役割も担っています。薪を燃料にして鉄板を熱し、その上に鍋などをのせて調理します。暖炉に火をつけることから１日が始まります。

メキシコ

オアハカ州にくらすサポテカ族の農村部には、屋内のキッチンとは別に、屋外にかまどがある家があります。ここでは、主食のタコスを包む「トルティージャ」と呼ばれる生地を鉄板で焼きます。トルティージャをつくるのは主に女性の仕事で、夜明け前の３時頃から始まります。

インドネシア

南スラウェシ州パンケップ県にくらす、ブギス族の伝統的なキッチンは、高床式の家の２階にあります。簡単な調理にはコンロが使われ、煮込み料理などの場合は、薪を燃やします。キッチンには水瓶（写真左）があり、そこで食器を洗うほか、お風呂やトイレも同じ場所で済ませます。

世界のダイニングを見てみよう！

ダイニングは、家族が集まって食事をする場所です。日本ではキッチンのすぐ側にあることが多く、近年は椅子に腰かけてテーブルで食事を取る家庭が多くなっていますが、日本の本来の生活様式である和室のある家では、直接床に座って低いテーブルで食べることがほとんどでした。世界のダイニングは、家の外にあったり、男女別に分かれていたりと、日本と比べると様々な違いがあります。ダイニングは、気候や食習慣、それぞれの国ごとの価値観によって様変わりしますが、食事が進むような工夫が凝らされていることに変わりはありません。

イタリア

大勢で賑やかに食べるのが健康的と考えるイタリアでは、家族以外の親戚や友人が食事に加わることが頻繁にあります。一般的に、夜は平均で２～３時間かけてゆっくり食事を楽しみながら、世間話をします。食べてしゃべることが、ストレス発散や、人と人との絆を深めることにも役立っています。気温が高い夏の季節は、ベランダや外で食事をすることも多いです。

フィンランド

南フィンランドの家は、食器やダイニングテーブルなどの飾りがおしゃれで、目で楽しめるように工夫されています。家の中のインテリアを充実させることは、太陽が昇らない長い冬の時期（極夜）を快適に過ごすためにもとても重要です。

パラオ

年間の平均気温が約28度で高温多湿な気候の南国パラオ。家によっては、窓や壁のない屋外の空間にダイニングがあります。夕方から夜は、涼しい風が吹き抜けるので、快適に食事を楽しめ、家族の憩いの場となります。

ジョージア

ジョージアの食事会は「スプラ」と言われます。「タマダ」と呼ばれる司会者が中心となって、乾杯の度に一人ずつ、平和や友愛の誓いの言葉や詩を詠みます。食事は民族意識を高める大切な儀式の場でもあり、家族だけの食事でも歌ったり、詩を詠んだりします。

アメリカ合衆国

アメリカの一軒家は、キッチン、リビングなどの部屋ごとの壁や仕切りのないオープンフロアと呼ばれるつくりをしています。話をしながら料理をつくり、ダイニングに移動して食事をし、終わった後はリビングでくつろぐという流れが、一つの空間で完結できるようになっています。

ネパール

都市部でも地方でも伝統的に、ゴザや敷物の上に一列に並んで座り、食事をする習慣があります。できた食事が次々と目の前のお皿にのせられていきます。大人数のときは、コの字型になるように座り、中央のスペースは配膳する人のために空けておきます。

イラン

大人数で食事をする際は、リビングに敷いてあるペルシャ絨毯を薄いビニールシートで覆い、その上に料理を並べます。食事は野菜料理、肉料理、ご飯など、種類が多いほどよいとされ、食後のデザートも一緒に出されます。男女に分かれて、あぐらをかいて座り、食事をするのが特徴です。昼食の際はあと片づけが終わると布団が敷かれ、みんなで昼寝をする習慣があります。

ベトナム

バッカン省パクナム郡では、床にゴザを敷いたり、低めのテーブルを使用したりして食事をします。食事には箸が使われますが、日本のような直箸、渡し箸などの箸の使い方に関するマナーはありません。箸は木でできていて軽いです。蓮やバナナの葉がお皿の代わりに使われます。取り皿がないので、大皿からおかずを取って食べるときは、自分のご飯にのせてから食べるのがルールです。

ペルー

首都のリマの家では、窓の近くや日当たりのいい場所にダイニングが設置してあります。家族の人数が多いこともありますが、頻繁に人を招く習慣があるため、椅子は多めに置かれています。一般的に食事は１日４回で、お昼ご飯がメインです。家族は職場などから一時帰宅し、みんなで食事を取ります。

スペイン

北西部のガリシア州の山岳地帯では、伝統的に普段食事をする場所とは別に、年に２～３回、クリスマスや年末のイベント、村のお祭りなど特別な日に使用するためのダイニングが設けられています。テーブルが大きく、15～20人が一度に座れるようになっています。

トリニダード・トバゴ

トリニダード・トバゴのインド系の人たちは、家族や親戚など大人数で食事をすることが多く、ビュッフェ形式の賑やかな食事もたびたびです。夜の涼しい風が感じられる、屋根つきのベランダをダイニングとして使っている家庭も多くあります。食事もインド料理が中心です。

香港（中華人民共和国）

香港の食卓では、新聞紙や薄い半透明のビニールシートを敷き、その上に料理を並べます。テーブルが汚れないようにするためで、食べかすや、魚や鶏肉の骨などはシートの上に置き、食事が終わるとシートごとそのままごみとして捨てます。

コラム

世界のキッチン道具を見てみよう！

私たちは普段、フライパンや包丁、鍋など、様々なキッチン道具を目にしますが、日本には古くから竹ざる、落し蓋、こしきなど、和食に合わせ独自に開発されたキッチン道具があり、現在も広く使われています。世界には、中華料理やフランス料理、イタリアンやエスニックなど、様々な食文化があり、それぞれの料理で活躍するキッチン道具があります。材料をよく煮込むためにつくられたもの、食材の味を活かすためにつくられたものなど、ここでは、国や地域で食されるものに合わせて使い続けられている、工夫された道具を紹介します。

メキシコ「モルカヘテ」

今から500年以上前のアステカ時代から使われている石臼。料理で使用するスパイスを潰して混ぜるときや、サラダをつくるとき、ソースをつくるときなどに使われ、メキシコのどの家庭にも常備されている万能な臼です。重たい石でできているため、しっかりと固定され、使い勝手もよいです。

スペイン「パエリア鍋」

「パエリア」と呼ばれるお米料理をつくるときに使われる専用鍋で、「パエジェラ」と呼ばれます。パエリアはスペインのバレンシア発祥の料理で、日曜日のお昼に食べるのが定番です。ウサギの肉はパエリア独特の美味しい出汁をとるために欠かせない材料です。

イタリア「メッツァルーナ」

イタリア語で「半月」の意味を持つ、伝統的な包丁です。名前の通り、形状が半月型になっていて、両端についた持ち手を握って、前後左右にシーソーのように揺らしながら使います。ハーブをみじん切りにするときや、野菜を細かく切るときに使用します。

イラン「二段型ポット」

1日に何度も紅茶（チャイ）を飲む習慣があるイランの家庭には、二段型のポットが常備されています。下段のお湯を沸かすことで、上段の紅茶が蒸気と熱で温められるようになっています。イランの人たちは、紅茶を飲むとき、砂糖の欠片をそのまま口に入れて、口の中で溶かしながら味わいます。

サハ共和国（ロシア）「木製のかき混ぜ棒」

長い取っ手の先にギザギザの頭がついた、ヤクート人が使う伝統の棒状かき混ぜ器。両手で挟み、手をこすり合わせるように回転させて使います。牛乳をホイップするときや、お菓子づくりのときに使用します。機械よりも美味しくできると現地の人たちに重宝されています。

中華人民共和国「中華鍋」

中華料理に使われる鋼製の丸底鍋です。中国語では「チャォグゥオ」と呼ばれます。丸い形をしていることで、熱が早く、均一に伝わります。炒め物、焼き物、煮物、揚げ物、蒸し物など、幅広い調理法に使える万能鍋で、20年以上も長持ちします。

ラオス「蒸籠（モーニンカオ）」

もち米（カオニャオ）を主食とするラオスでは、籐（ラタン）で編まれた蒸し器を使います。一晩水に浸したもち米を、「モーニンカオ」と呼ばれる下の部分の蒸し器に入れ、「ホッド」と呼ばれる蓋を閉めて蒸します。食べるときはもち米を手に取り、丸めて、おかずにつけて食べます。

モロッコ「クスクス専用鍋（ケスカス）」

クスクスは小麦粉を原料とする、乾燥保存された世界最小のパスタです。ケスカスは二段式になっていて、下段で野菜や肉を調理し、その湯気で上段に入れたクスクスを3～4時間蒸して調理します。クスクスは金曜の集団礼拝の後に、家族みんなで食べる習慣があります。

クイズ！

スイス人が発明したキッチン道具は、次のうちどれでしょう？

①アルミホイル
②おろし器
③ピーラー

答えは次のページ！

モロッコ

「サロン」と呼ばれるダイニングは、モロッコの家庭に欠かせない大切なスペースです。大勢の来客をもてなせるように、ソファはコの字型に配置され、色彩豊かなデザイン性のあるクッション、カーテンなどで装飾されています。ここでは食事を取ったり、お茶を飲んでリビングのようにくつろいだりします。内装は、部屋に合わせてオーダーメイドでつくられ、デザインは、家を守る女性たちの腕の見せどころでもあります。サロンは大抵、家の入口付近に設置されています。

カルムイク共和国

カルムイク共和国（ロシア）

モンゴル人を先祖に持つと言われるカルムイク人はその昔、「ゲル」呼ばれる移動式の住居で家畜と共に遊牧をしながらくらしていました。現在、ゲルでくらす人はほとんど残っていません。ゲルの中のダイニングテーブルは、ベッドの横にあり、ベッドに腰掛けて食事を取ります。カルムイク人の主食は肉で、毎日、朝昼晩にお肉料理を食べます。

P.25 クイズの答え　全部

キューバ

キューバの多くの家では、ダイニングテーブルはリビングの太陽光が直接当たらない場所に置かれています。食事中は、どんな家庭にもあるオーディオスピーカーから、賑やかなラテン音楽が流れ続けています。国内で栽培されている野菜のほとんどはオーガニック（自然栽培）です。

ドイツ

ドイツには100年以上住み継がれている家がたくさんあります。ドイツ北部の古い家のダイニングルームでは、食器棚をはじめ、昔から使われてきたものが今も大切に使用されています。ステンドグラスを通して優しい光が入り、室内が暖かく感じられるようにデザインされています。

中華人民共和国

中国の都市部の家庭では、ダイニングはキッチンのすぐ側にあります。おかずとなる野菜や肉、魚料理が大皿に盛られてテーブルに並べられます。日本のように小皿に取り分けたりせず、箸でそのまま料理を取り、主食のご飯と一緒に食べます。「十分いただきました」という意味合いで食事を少し残す、伝統的なマナーがあります。

タイ

タイでは外食をする習慣が根づいていて、食事は屋台で買って済ませるのが一般的です。食材を買ってつくるより、完成品を買った方が安上がりなのが理由の一つです。料理をする習慣がほとんどないため、キッチンがない家も多くあります。地方ではもち米を炊いたりもしますが、調理は家が汚れないように、野外で行います。

サハ共和国（ロシア）

オイミヤコン村の家のキッチン、ダイニングの間取りは、どの部屋よりも広くとってあります。ダイニングの椅子はより多くの人が座れるように、テーブルを囲むようなベンチ型になっています。決まった食事の時間はなく、お腹が空いたときに食べます。

ブラジル

ブラジルの日本人移住地アリアンサでは、多くの人たちが農業や畜産を営んでいます。ほとんどの家には、雨宿りができ、お昼どきなどに作業で汚れた服のままでも食事ができるダイニングが、家の外にもあります。

インドネシア

西ジャワ州スカブミ県では、農作業の途中などの時間に、田んぼの中にあるダイニングスペースで、床にゴザを広げて食事をする習慣があります。抗菌作用のあるバナナの葉をお皿代わりにして、直接右手で食べるのが伝統的なインドネシア流です。

イスラエル

経済の中心地であるテルアビブの家庭のダイニングはキッチンに隣接しています。イスラエルには多くのユダヤ教徒がくらしていて、彼らは「コーシャ」と呼ばれるユダヤ教の聖典に書かれている食べてよい食品と、食べてはいけない食品の規律を守った食生活を営んでいます。

カナダ

一般的なカナダの一軒家には、日常的に家族が食事をする部屋と、来客用の部屋の２つのダイニングが設けられています。また、夏場はテラスで食事をする人も多く、バーベキューグリルが備えつけてある家も多いです。

大韓民国

首都のソウルでは、椅子とテーブルのダイニングで食事を取るのが一般的ですが、地方では、伝統的な座卓で食べる家庭も多いです。食事は一人よりも、家族や大勢で食べることが大切とされています。銀製の箸とスプーンで食べ、器を持ち上げてはいけないというルールがあります。

登場した国・地域の解説

この本に登場した国・地域の解説をします。文化や自然にどのような特徴があるのか、日本とどのような関わりがあるのかなどがわかります。4ページの地図と一緒に読んでみましょう。

●アメリカ合衆国
北アメリカにある移民の国。50ある州ごとに、異なる法律や教育制度が設けられている。農業大国であり、食料自給率は130%。日本人が初めて集団移民を行った地域の一つであるハワイもアメリカの領土で、多くの日系人がくらしている。

●アルゼンチン
南半球に位置する、南アメリカ大陸にある世界第8位の面積を持つ国。世界三大瀑布の一つイグアスの滝や、パタゴニア地方の氷河など、世界遺産も多い。東京の地下鉄銀座線は、首都のブエノスアイレスの地下鉄をモデルにしてつくられた。

●イギリス
ヨーロッパ北西に位置する古い歴史を持つ国。正式名称はグレートブリテン及び北アイルランド連合王国。「イギリス」は日本だけの呼び名。UKロックやサッカーなど、多くの文化やスポーツの発祥地でもあり、日本に大きな影響を及ぼしている。

●イスラエル
地中海に面する中東のユダヤ人国家。エルサレムはユダヤ教、キリスト教、イスラム教の三大一神教の聖地でもある。2011年に起こった東日本大震災の際には、外国政府として初めて日本に医療団を派遣し、クリニックを開設した。

●イタリア
南ヨーロッパにある、ブーツの形をした地中海に面する国。世界最多の世界遺産があり、多くの観光客が訪れている。国内にバチカン市国やサンマリノ共和国などの独立国がある。使節団を派遣するなど、16世紀末から日本と深い関係を持つ。

●イラン
中東ペルシャ湾に面した、イスラム教シーア派が信仰される国。世界で初めて人権憲章がつくられ、アニメや地下水路が発明された場所。日本のドラマ「おしん」が大人気で、テレビに夢中で人が働かなくなり、放送中止になったことも。

●インド
南アジアにある、中国に次いで世界第2位の人口を誇る国。世界一の映画大国で、年間千本以上の映画が制作されている。独立運動を続け日本へ逃れてきたラース・ビハーリ・ボースは日本にカレーを伝えた人物。

●インドネシア
インドの島々という意味を持つインドネシアは、10000以上の島から成る東南アジアの国。世界第3位のお米の生産国。インドネシア独立戦争の際、軍籍を離脱した日本人がインドネシア軍と一緒に戦った。

●オーストラリア
インド洋と太平洋に囲まれた、国内に3つの時間帯を持つ広大な土地を有する国。アボリジニは5万年以上前からこの土地にくらしているとも言われる先住民。日本がワーキングホリデー（若者が働きやすくなる仕組み）の協定を結んだ最初の国。

●オーストリア
中央ヨーロッパに位置する国で、山岳地帯が続く温泉大国。モーツァルトやシューベルトなど世界を代表する作曲家を生み出した国でもある。グラーツにあるエッゲンベルク城には戦国時代の大阪を描いた屏風が残っている。

●カナダ
北アメリカにある、英語とフランス語が公用語の国。先住民族や移民などの様々な文化を持つ人びとが共存している。以前日本の5000円札に描かれていた新渡戸稲造は、カナダで亡くなり、バンクーバーには、彼に捧げられた庭園がある。

●カルムイク共和国（ロシア）
カスピ海に面したロシア連邦内にある共和国。ロシアで最も気温が高く、仏教国でもある。著名な政治家であるレーニンの祖母はカルムイク人。初代大統領のイリュムジーノフは、チェスの達人で、大学で日本語を学んだ、大の親日家。

●カンボジア
東南アジアのインドシナ半島南部にある仏教国。フランスの旧植民地。若年層の人口が多く、縫製業を主とした工業や農業が盛ん。世界遺産のアンコールワットの一部の修復を日本の大学が行っている。

●キューバ
北アメリカと南アメリカに挟まれたカリブ海内最大の国で、社会主義国。医療と教育に力を注いでいて、識字率は98%。野球選手や音楽家を多く輩出している。青年の島を中心に、日系人が約1000人くらしている。

●サハ共和国（ロシア）
ロシア連邦のシベリア地区にある共和国。過去に零下71.2度を記録した、人間が住む世界最極寒地。天然資源の宝庫で、世界最大級のダイヤモンド鉱山がある。地熱を利用して、日本企業がトマトなどの栽培を行っている。

●ザンビア
アフリカ大陸の南部にある海のない内陸国。世界三大瀑布のビクトリアの滝や、30以上の国立公園や動物保護区がある。銅が主要な輸出品で、日本の10円玉の一部にも、ザンビア産のものが使われている。

●ジョージア
ヨーロッパとアジアの境に位置し、国内をコーカサス山脈が横断する、黒海に面した国。世界で2番目にキリスト教を国教とした国で、ワインの発祥地でもある。日本では、ジョージア出身の栃ノ心や臥牙丸などの力士が活躍している。

●スペイン
ヨーロッパのイベリア半島に位置する国。スペイン語のほか、バスク語、カタルーニャ語など5つの言語が話されていて、州によって独自の文化と風習を持つ。アンダルシア州の村には、ハポン（日本）という苗字の人たちがくらす村がある。

●タイ
仏教を信仰する人が多い南アジアの中央にある国。歴史ある王国で、日本との交流は600年前にさかのぼると言われる。王室を大切にするタイでは、映画館で本編が上映される前に国王を称える映像を流し、起立する習慣がある。

●大韓民国
朝鮮半島の南に位置する日本の隣の国。キリスト教徒が多く、韓流ドラマやKポップが人気で、世界中にファンを持つ。日本国内には、数十万人の在留韓国人がくらしていて、歴史的にも日本との関わりが深い。

●中華人民共和国
アジアの東に広大な面積を持つ、世界一多くの人が住む国。1400年ほど前に日本から「遣隋使」を派遣するなど、古くから深い関わりを持つ。様々な民族が集まっていて、それだけ文化も多彩。中華料理やパンダは日本でも人気。

●チリ	南アメリカの最南端にある細長い国。太平洋の海岸線は6000km以上の長さを誇る。砂漠、山、海など多様な自然環境があり、世界一の銅の生産量を誇る。イースター島最大の祭壇にある15体のモアイ像は、日本企業の支援で再建された。
●ドイツ	ヨーロッパの真ん中にあり、周りを9つの国に囲まれている。アルバイト、リュックサック、ワクチンなど、日本語となったドイツ語がたくさんある。戦前から日本は、政治・経済・文化などの面でドイツを模範にしてきた。
●トリニダード・トバゴ	カリブ海の小アンティル諸島にある2つの島からなる国。リンボーダンスやスティールパン（打楽器）が有名。日本文化が人気で、大学などで多くの学生が日本語を学んでいる。
●ネパール	インドと中国のチベットの間に位置し、世界最高峰のエベレストを有する多民族国。クマリと呼ばれる、仏教徒とヒンドゥー教徒から崇められる生き神様がいる。仏教学者で探検家の河口慧海は、日本人で初めてネパール経由でチベットへ入国した人物。
●パラオ	西太平洋にある人口2万人の、数百の島からなる国。ミクロネシア地域で唯一のジュゴンの生息地。昔は日本の委任統治領だったため、日本の習慣が一部根づいていて、パラオ語になった日本語も多くある。
●フィンランド	北欧にある人口約500万人の国。北部のラップランド地域には、サーミと呼ばれる先住民族がくらしている。サンタクロースの故郷があり、携帯電話が発明された。日本でも人気のサウナ、ムーミン、キシリトールもフィンランド発祥。
●ブラジル	南アメリカ最大の国。コーヒーの生産量は世界一。推定で約200万人の日系人がくらしていて、全国の県人会もある。先住民族も200種族以上がくらし、様々な言語が用いられるなど、多様性に富んだ文化を持ち、アマゾンの広大な自然も有名。
●ベトナム	東南アジアのインドシナ半島東部にある国。若者が多く、世界の工場と呼ばれ、製造業が盛ん。東南アジア唯一の漢字圏で、昔は漢字が使用されていた。日本には約40万人程度のベトナム人が住んでいる。
●ベリーズ	北アメリカ大陸南端にある熱帯の国。公用語は英語。世界で一番辛い調味料の一つと言われるハバネロやオレンジなどを日本へ輸出している。サンゴ礁の空洞化によってできたと言われる大きな海中の穴「ブルー・ホール」は有名な観光地で世界遺産。
●ペルー	太平洋に面した南アメリカの国。じゃがいも、トマト、かぼちゃ、唐辛子などの原産地。アマゾン川の源流のあるジャングルや砂漠、山岳地帯など、自然の多様性に満ちている。観光地マチュピチュの初代村長は、日本人移民の野内与吉。
●香港（中華人民共和国）	中国南東部に位置し、約150年イギリスの植民地だった街。超高層ビルが立ち並ぶ、世界的な金融都市。広東語、北京語、英語が話されている。日本のポップカルチャーが人気で、親日の人が多いと言われる。
●ホンジュラス	中米にあるカリブ海と太平洋に面した国。かつてマヤ文明が栄えた場所で、コパン遺跡が有名。日本が初めて国際緊急援助隊として自衛隊を派遣した国で、東日本大震災が起こった翌日には、日本大使館前に援助の申し入れの市民で長蛇の列ができた。
●ミャンマー	東南アジア西部にあり、100以上の少数民族がくらす多民族国家。山岳地域や水上などで生活する人がいる。世界三大仏教遺跡の一つ、バガン遺跡がある。戦後日本が食料不足で苦しんでいたとき、日本に安くお米を輸出してくれていた。
●メキシコ	北アメリカ大陸南部に位置する国。毎年11月に行われる「死者の日」はユネスコの無形文化遺産に登録されている。アジアの国以外で初めて日本と対等な条約を結んだ国で、19世紀末に日本人が入植し、日系社会がつくられた。
●モロッコ	北アフリカにある、大西洋と地中海に面した国で、イスラム教が広く信仰されている。アラビア語やベルベル語、フランス語などが話され、アラブ人やベルベル人がくらしている。日本で売られているタコの多くはモロッコ産。
●モンゴル	中央アジアにある広大な土地を持つ国。首都のウランバートルに人口の約半数がくらし、地方には移動式の家のゲルで遊牧生活を行う民もいる。朝青龍、白鵬などモンゴル出身の力士が日本で活躍し、横綱にまで登り詰めた。
●ラオス	東南アジアに位置し、世界有数の大河であるメコン川が縦断する国。国土の約70%は山岳地帯と高原で、メコン川を生活の基盤としている。ワッタイ国際空港は、日本の政府開発援助で拡張工事が行われた。
●ロシア	世界で最も広い国。国内に20以上の共和国を有し、100以上の民族がくらしている。イクラやノルマなどは日本語になったロシア語。親日国家で、柔道、剣道などのスポーツ、アニメなどのファンも多い。

©KATSUMI　ITO

著　**ERIKO**（エリコ）

モデル・定住旅行家。鳥取県米子市出身。東京コレクションでモデルデビュー。 学生時代から世界各地で語学留学を重ね、6か国語を習得。現在はモデル活動と並行し、「定住旅行家」として、世界の様々な地域で現地の人びとの家庭に入り、生活を共にし、そのくらしや生き方を、TV、ラジオ、講演会などを通して伝えている。また訪れた国では、民間外交を積極的に行い、現地と日本の架け橋になる活動も行う。これまで定住旅行した国は50か国以上。103の現地の家庭でくらしを体験している。著書に『暮らす旅びと』（かまくら春秋社）、『せかいのトイレ』（JMAM）がある。

WEB：http://chikyunokurashi.com

協力

株式会社IDホールディングス，特定非営利活動法人AMDA社会開発機構（アムダマインズ），株式会社不二家，株式会社ネポエット，国立極地研究所，第57次南極地域観測隊・渡貫淳子，田島らら，八代久里，フムリ由嘉，衣笠克啓，衣笠勝幸，二宮優，宇井ゆかり，所英樹，大永梓，在本邦ラオス人民民主共和国大使館，駐日モンゴル国大使館，JAXA，Shutterstock,José García Fernández, Ana Silvia Neil, Monica Kogiso, La Que Binh, Troy, Layla Chelache, Галина Геннадьевна, Элеонора Аммосовой, Juan Manuel González, Houri Shojaei，胡丹，Marina Llano,Marianna Caso, Gema Gesa, rapmaniac, Brett Coles, Yoav Bruck, Catia Melani, Fernando Honda

企画協力　株式会社今井書店

デザイン　芝山雅彦（スパイス）
イラスト　すみもとななみ
編集担当　門脇大

参考文献

『キッチンの歴史』（河出書房新社）
『しらべよう！　世界の料理』シリーズ（ポプラ社）
『地球生活記』（福音館書店）
『知っておきたい「味」の世界史』（角川学芸出版）
『図解　食の歴史』（新紀元社）

世界の家　世界のくらし～SDGsにつながる国際理解～
①キッチン、ダイニング

2020年10月　初版第1刷発行
2023年 4月　初版第3刷発行
著　　　ERIKO
発行者　小安宏幸
発行所　株式会社汐文社
〒102-0071 東京都千代田区富士見1-6-1 富士見ビル1F
TEL 03-6862-5200　FAX 03-6862-5202
https://www.choubunsha.com/
印　刷　新星社西川印刷株式会社
製　本　東京美術紙工協業組合

ISBN 978-4-8113-2770-9 NDC383